Waggoner Tables

2020

These predictions are supplements to and not replacements for the Canadian Tide and Current Tables, which include the only authorized tidal predictions for Canada.

Special thanks to Herb Munson for the advanced development of the algorithms to calculate these tables.

Published by Burrows Bay Associates
PO Box 726
Anacortes, WA 98221
Phone 425.780.5015 | Fax 360.299.8535
www.WaggonerGuide.com
Distributed by Fine Edge Nautical Publishing, Anacortes, Washington
and Chyna Sea Ventures Ltd. Qualicum Beach, British Columbia, Canada

Cover Illustration
The Canadian Hydrographic Services graciously granted permission to reproduce the cover of the *Current Atlas* on the cover of *Current Atlas Tables*.

ISBN 978-1-7341312-0-8
Printed in the USA

INTRODUCTION

EASY-TO-USE FORMAT

The 24 hours of the day are shown in small type compared to the *Current Atlas* page number. By making the hours of the day smaller, there is less chance of mistaking the hour of the day for the *Current Atlas* page.

Waggoner Tables were developed for use with the Canadian Hydrographic Service book, *Current Atlas for Juan de Fuca Strait to Strait of Georgia*. Anyone who has piloted a vessel through the San Juan Islands and Gulf Islands knows how strong the tidal currents can be. The *Current Atlas* provides 43 charts that predict the current direction and strength, by hour, for every tide. The difficulty is calculating which of the 43 charts to use at any give time.

Waggoner Tables make it easy to use the *Current Atlas*. The tables make all the calculations. Simply turn to the appropriate month in the tables and read down the left column to the correct day. Then read across to the hour desired. Directly below is the chart to use.

HOW TO USE THESE TABLES

Each day of the month is made up of two lines. The top line lists the hours of the day from 1 (0100) to 24 (2400). The second line shows the current chart to be used at each hour of the day. Pick the day and the hour and the table directs you to the proper chart.

Waggoner Tables have been corrected to account for Daylight Saving Time. This information is noted on the pages for March and November and each month between. No further corrections are needed.

At the top of each monthly table, you will find a quick-reference guide to the current charts. This quick-reference guide shows the charts used on tides of varying ranges. A large flood tide, for example, is shown on charts 1-8; a small ebb tide is shown on charts 37-42.

MAKING BEST USE OF THE CURRENT ATLAS

The *Current Atlas* charts are most useful for seeing patterns of water movement, both at a given hour and over an entire tidal range. With this knowledge, voyages can be planned to take advantage of favorable currents and avoid unfavorable currents.

Potentially dangerous conditions, such as colliding currents that cause tide-rips, also can be identified. By checking the weather, you can find where winds and current oppose each other, causing rough seas. A fatal kayaking accident some years ago might have been avoided if the victim had been aware of a large eddy that conflicted with the wind direction.

The Current Atlas charts should not be relied upon to predict slack water at any given time or location. To predict slack water, use the tidal current tables, not the atlas. The atlas charts are intended for times between slacks when changes are more gradual and forecasting precision is less critical.

HOW THESE TABLES WERE DEVELOPED

A specially-developed computer program calculated the tidal range (using the Pt. Atkinson tide table) of each on-going cycle. It then calculated the hours that elapsed since the last high or low tide, and used the curves from Part A of the atlas to select the proper chart.

Sometimes, however, intervals between tides do not fit the number of charts provided in the curves. When a three-hour interval occurs between high and low tide, the curve might allow for five hours. In such cases, *Waggoner Tables* skip charts along the curve. The tables make sure the chart for one hour before the tide change is called for at the proper time.

Other intervals are too long for the curves. A nine-hour tide will not fit on a seven-hour curve. For these extra-long tides, one or more charts are repeated. Again, the chart for one hour before tide turn is shown at the proper time.

The adjustments for extra-short and extra-long tides are improvements on the *Current Atlas's* formulas.

CAUTION

The charts in the *Current Atlas* are predictions based on projections from averages. They are not guarantees. Variations are caused by winds, atmospheric pressure, river runoff, or unusual tidal cycles. The prudent mariner will become familiar with the entire *Current Atlas* and use it with these tables as a tool in conjunction with other navigational assists, not to mention watchfulness and common sense.

Tidal Range	Flood	Ebb
Large	Charts 1-8	Charts 22-29
Medium	Charts 9-15	Charts 30-36
Small	Charts 16-21	Charts 37-42

January 2020 Currents

TOP LINE: TIME OF DAY
2ND LINE: DAY OF WEEK & DATE, FOLLOWED BY CHART FOR EACH HOUR ABOVE

HOUR	1	2	3	4	5	6	7	8	9	10	11	12	13	14	15	16	17	18	19	20	21	22	23	24
Wed 1	34	35	36	2	3	4	5	6	7	30	31	32	33	33	34	35	16	17	19	20	21	38	39	39
HOUR	1	2	3	4	5	6	7	8	9	10	11	12	13	14	15	16	17	18	19	20	21	22	23	24
Thu 2	40	41	42	2	3	4	4	5	6	7	30	31	32	32	33	34	35	36	17	18	19	20	37	38
HOUR	1	2	3	4	5	6	7	8	9	10	11	12	13	14	15	16	17	18	19	20	21	22	23	24
Fri 3	39	40	41	9	10	11	12	12	13	14	30	31	31	32	33	34	34	35	16	17	18	18	19	20
HOUR	1	2	3	4	5	6	7	8	9	10	11	12	13	14	15	16	17	18	19	20	21	22	23	24
Sat 4	37	38	40	41	9	10	11	11	12	13	14	15	23	24	25	25	26	27	28	9	10	11	11	12
HOUR	1	2	3	4	5	6	7	8	9	10	11	12	13	14	15	16	17	18	19	20	21	22	23	24
Sun 5	13	14	15	39	41	43	17	18	18	19	20	21	23	24	25	25	26	27	28	9	10	10	11	12
HOUR	1	2	3	4	5	6	7	8	9	10	11	12	13	14	15	16	17	18	19	20	21	22	23	24
Mon 6	13	13	14	37	38	40	41	16	17	18	19	20	22	23	24	25	25	26	27	28	29	2	3	4
HOUR	1	2	3	4	5	6	7	8	9	10	11	12	13	14	15	16	17	18	19	20	21	22	23	24
Tue Jan 7	5	6	7	37	38	39	40	41	42	17	18	19	20	22	23	24	25	26	27	28	29	2	3	4
HOUR	1	2	3	4	5	6	7	8	9	10	11	12	13	14	15	16	17	18	19	20	21	22	23	24
Wed Jan 8	4	5	6	7	37	38	39	40	41	16	17	19	20	22	23	24	25	25	26	27	28	1	2	3
HOUR	1	2	3	4	5	6	7	8	9	10	11	12	13	14	15	16	17	18	19	20	21	22	23	24
Thu Jan 9	4	4	5	6	7	8	38	39	40	41	16	17	19	20	21	23	24	25	25	26	27	28	1	2
HOUR	1	2	3	4	5	6	7	8	9	10	11	12	13	14	15	16	17	18	19	20	21	22	23	24
Fri Jan 10	3	4	5	6	7	8	38	39	40	41	16	17	18	19	20	22	23	24	25	26	27	28	1	2
HOUR	1	2	3	4	5	6	7	8	9	10	11	12	13	14	15	16	17	18	19	20	21	22	23	24
Sat Jan 11	3	4	4	5	6	7	37	38	39	40	41	42	17	18	19	20	22	23	24	25	26	27	28	29
HOUR	1	2	3	4	5	6	7	8	9	10	11	12	13	14	15	16	17	18	19	20	21	22	23	24
Sun 12	2	3	4	4	5	6	7	37	38	39	40	41	16	17	18	19	20	21	23	24	25	26	27	28
HOUR	1	2	3	4	5	6	7	8	9	10	11	12	13	14	15	16	17	18	19	20	21	22	23	24
Mon 13	1	2	3	4	5	6	7	30	31	32	33	34	35	16	17	19	20	21	23	24	25	25	26	27
HOUR	1	2	3	4	5	6	7	8	9	10	11	12	13	14	15	16	17	18	19	20	21	22	23	24
Tue 14	28	1	2	3	4	5	6	7	8	31	32	33	34	35	36	17	18	19	20	22	23	24	26	27
HOUR	1	2	3	4	5	6	7	8	9	10	11	12	13	14	15	16	17	18	19	20	21	22	23	24
Wed 15	28	1	2	3	4	5	6	7	8	31	32	32	33	34	35	16	17	18	19	20	21	31	32	33
HOUR	1	2	3	4	5	6	7	8	9	10	11	12	13	14	15	16	17	18	19	20	21	22	23	24
Thu 16	34	35	36	2	3	4	5	6	7	22	23	24	25	26	27	28	9	10	12	13	14	37	38	39
HOUR	1	2	3	4	5	6	7	8	9	10	11	12	13	14	15	16	17	18	19	20	21	22	23	24
Fri 17	39	40	41	1	2	3	4	5	6	7	22	23	24	25	26	27	28	29	10	11	12	13	14	15
HOUR	1	2	3	4	5	6	7	8	9	10	11	12	13	14	15	16	17	18	19	20	21	22	23	24
Sat 18	38	39	40	41	9	10	11	12	13	14	22	23	24	25	25	26	27	28	9	10	11	12	12	13
HOUR	1	2	3	4	5	6	7	8	9	10	11	12	13	14	15	16	17	18	19	20	21	22	23	24
Sun 19	14	37	38	40	41	42	10	11	12	13	14	15	23	24	25	25	26	27	28	1	2	3	4	5
HOUR	1	2	3	4	5	6	7	8	9	10	11	12	13	14	15	16	17	18	19	20	21	22	23	24
Mon 20	6	7	8	38	39	40	41	16	17	18	19	20	22	23	24	25	25	26	27	28	29	2	3	4
HOUR	1	2	3	4	5	6	7	8	9	10	11	12	13	14	15	16	17	18	19	20	21	22	23	24
Tue 21	5	6	7	37	38	39	40	41	42	17	18	19	20	22	23	24	25	26	27	28	29	2	3	4
HOUR	1	2	3	4	5	6	7	8	9	10	11	12	13	14	15	16	17	18	19	20	21	22	23	24
Wed 22	4	5	6	7	37	38	39	40	41	16	17	18	19	20	21	23	24	25	26	27	28	1	2	3
HOUR	1	2	3	4	5	6	7	8	9	10	11	12	13	14	15	16	17	18	19	20	21	22	23	24
Thu 23	4	4	5	6	7	8	38	39	40	41	16	17	19	20	21	23	24	25	25	26	27	28	1	2
HOUR	1	2	3	4	5	6	7	8	9	10	11	12	13	14	15	16	17	18	19	20	21	22	23	24
Fri 24	3	4	5	6	7	8	38	39	39	40	41	42	17	19	20	22	23	24	25	26	27	28	1	2
HOUR	1	2	3	4	5	6	7	8	9	10	11	12	13	14	15	16	17	18	19	20	21	22	23	24
Sat 25	3	4	4	5	6	7	37	38	39	40	41	42	17	18	19	20	22	23	24	25	26	27	28	29
HOUR	1	2	3	4	5	6	7	8	9	10	11	12	13	14	15	16	17	18	19	20	21	22	23	24
Sun 26	2	3	4	5	6	7	37	38	39	39	40	41	16	17	18	19	20	21	23	24	25	26	27	28
HOUR	1	2	3	4	5	6	7	8	9	10	11	12	13	14	15	16	17	18	19	20	21	22	23	24
Mon 27	1	2	3	4	5	6	7	30	31	32	33	34	35	16	17	19	20	21	23	24	25	26	27	28
HOUR	1	2	3	4	5	6	7	8	9	10	11	12	13	14	15	16	17	18	19	20	21	22	23	24
Tue 28	1	2	3	4	5	6	7	30	31	32	32	33	34	35	36	17	19	20	30	31	32	33	33	34
HOUR	1	2	3	4	5	6	7	8	9	10	11	12	13	14	15	16	17	18	19	20	21	22	23	24
Wed 29	35	1	2	3	4	5	6	7	8	31	32	33	34	35	36	17	18	19	20	30	31	32	33	34
HOUR	1	2	3	4	5	6	7	8	9	10	11	12	13	14	15	16	17	18	19	20	21	22	23	24
Thu 30	35	1	2	3	4	5	6	7	8	31	32	32	33	34	35	16	17	18	19	20	21	38	39	39
HOUR	1	2	3	4	5	6	7	8	9	10	11	12	13	14	15	16	17	18	19	20	21	22	23	24
Fri 31	40	41	42	10	11	11	12	13	14	30	31	32	33	33	34	35	16	17	18	19	20	37	38	39

Tidal Range	Flood	Ebb
Large	Charts 1-8	Charts 22-29
Medium	Charts 9-15	Charts 30-36
Small	Charts 16-21	Charts 37-42

2020 Currents **February**

TOP LINE: TIME OF DAY
2ND LINE: DAY OF WEEK & DATE, FOLLOWED BY CHART FOR EACH HOUR ABOVE

HOUR	1	2	3	4	5	6	7	8	9	10	11	12	13	14	15	16	17	18	19	20	21	22	23	24
Sat 1	40	41	42	10	11	11	12	13	14	30	31	31	32	33	34	34	35	36	10	11	12	13	14	15
Sun 2	38	40	41	9	10	11	12	12	13	14	22	23	24	25	26	27	28	29	10	10	11	12	13	13
Mon 3	14	37	39	41	16	17	18	18	19	20	22	23	24	25	25	26	27	28	1	2	3	4	4	5
Tue 4	6	7	8	38	40	41	16	17	18	19	20	21	23	24	25	25	26	27	28	1	2	3	4	4
Wed 5	5	6	7	37	38	39	40	41	42	17	19	20	22	23	24	25	25	26	27	28	29	2	3	4
Thu 6	4	5	6	7	37	38	39	40	41	16	17	19	20	22	23	24	25	25	26	27	28	1	2	3
Fri 7	4	5	6	7	37	38	39	40	41	16	17	18	19	20	21	23	24	25	26	27	28	1	2	3
Sat 8	4	4	5	6	7	8	38	39	40	41	16	17	18	19	20	22	23	24	25	26	27	28	1	2
Sun 9	3	4	5	6	7	8	38	39	39	40	41	42	17	18	19	20	22	23	24	25	26	27	28	29
Mon 10	2	3	4	5	6	7	30	31	32	33	34	35	9	10	11	13	14	15	23	24	25	26	27	28
Tue 11	1	2	3	4	5	6	7	30	31	33	34	35	9	10	11	12	13	14	22	23	24	26	27	28
Wed 12	1	2	3	4	5	6	7	22	23	24	26	27	28	9	10	11	12	13	14	22	23	24	26	27
Thu 13	28	1	2	3	4	5	6	7	8	23	24	26	27	28	29	10	11	12	13	14	15	31	32	33
Fri 14	34	35	36	2	3	5	6	7	8	23	24	25	26	27	28	9	10	11	12	13	14	37	38	39
Sat 15	39	40	41	9	10	11	12	13	14	22	23	24	25	26	27	28	1	2	3	4	5	6	7	8
Sun 16	38	39	40	41	9	10	11	12	13	14	22	23	24	25	26	27	28	29	2	3	4	4	5	6
Mon 17	7	37	38	40	41	42	17	18	19	20	22	23	24	25	25	26	27	28	1	2	3	4	4	5
Tue 18	6	7	8	38	39	40	41	16	17	19	20	21	23	24	25	25	26	27	28	1	2	3	4	4
Wed 19	5	6	7	37	38	39	40	41	42	17	19	20	22	23	24	25	25	26	27	28	29	2	3	4
Thu 20	4	5	6	7	37	38	39	40	41	16	17	18	19	20	21	23	24	25	26	27	28	1	2	3
Fri 21	4	5	6	7	37	38	39	39	40	41	16	17	19	20	21	23	24	25	25	26	27	28	1	2
Sat 22	3	4	5	6	7	8	38	39	40	41	16	17	18	19	20	22	23	24	25	26	27	28	1	2
Sun 23	3	4	5	6	7	8	31	32	33	34	35	36	17	18	19	20	22	23	24	25	26	27	28	29
Mon 24	2	3	4	5	6	7	30	31	32	33	34	35	16	17	18	19	20	21	23	24	26	27	28	29
Tue 25	2	3	4	5	6	7	30	31	32	33	34	35	9	10	11	13	14	15	31	32	32	33	34	35
Wed 26	1	2	3	5	6	7	30	31	32	33	33	34	35	9	10	12	13	14	30	31	32	33	34	35
Thu 27	1	2	3	4	5	6	7	30	31	32	33	34	35	9	10	11	12	13	14	37	38	39	39	40
Fri 28	41	9	10	11	12	13	14	30	31	32	32	33	34	35	36	10	11	12	13	14	15	38	39	40
Sat 29	41	9	10	11	11	12	13	14	15	31	32	32	33	34	35	9	10	11	12	13	14	37	38	39

Tidal Range	Flood	Ebb
Large	Charts 1-8	Charts 22-29
Medium	Charts 9-15	Charts 30-36
Small	Charts 16-21	Charts 37-42

March 2020 Currents

TOP LINE: TIME OF DAY
2ND LINE: DAY OF WEEK & DATE, FOLLOWED BY CHART FOR EACH HOUR ABOVE

HOUR	1	2	3	4	5	6	7	8	9	10	11	12	13	14	15	16	17	18	19	20	21	22	23	24
Sun 1	40	41	42	10	11	12	13	14	15	23	24	25	26	27	28	9	10	10	11	12	13	13	14	15
Mon 2	38	40	41	16	17	18	18	19	20	22	23	24	25	26	27	28	9	10	10	11	12	13	13	14
Tue 3	37	38	40	41	16	17	18	19	20	22	23	24	25	25	26	27	28	29	2	3	4	4	5	6
Wed 4	7	37	38	39	40	41	16	17	19	20	22	23	24	25	25	26	27	28	1	2	3	4	4	5
Thu 5	6	7	8	38	39	39	40	41	42	18	20	22	23	24	25	25	26	27	28	1	2	3	4	4
Fri 6	5	6	7	37	38	39	40	41	42	17	18	19	20	22	23	24	25	26	27	28	29	2	3	4
Sat 7	4	5	6	7	37	38	39	40	41	16	17	18	19	20	21	23	24	25	26	27	28	1	2	3
Sun 8	4	4	5	6	7	8	31	32	33	34	35	36	10	11	13	14	22	23	24	25	26	27	28	29
Mon 9	2	3	4	5	6	7	30	31	32	33	34	35	9	10	11	13	14	15	23	24	26	27	28	29
Tue 10	2	3	4	5	6	7	22	23	24	26	27	28	9	10	11	12	13	14	22	23	24	26	27	28
Wed 11	1	2	3	4	5	6	7	22	23	24	26	27	28	1	2	3	5	6	7	22	23	24	26	27
Thu 12	28	1	2	3	5	6	7	22	23	24	25	26	27	28	29	2	3	5	6	7	8	31	32	33
Fri 13	34	35	36	2	3	5	6	7	8	23	24	25	26	27	28	1	2	3	5	6	7	30	31	32
Sat 14	33	34	35	9	10	11	13	14	15	23	24	25	26	27	28	1	2	3	4	4	5	6	7	8
Sun 15	38	39	40	41	9	10	12	13	14	22	23	24	25	26	27	28	1	2	3	4	4	5	6	7
Mon 16	37	38	39	40	41	42	17	18	19	20	22	23	24	25	26	27	28	29	2	3	4	4	5	6
Tue 17	7	37	38	39	39	40	41	16	17	19	20	21	31	32	32	33	34	35	1	2	3	4	4	5
Wed 18	6	7	8	38	39	39	40	41	42	17	19	20	30	31	31	32	33	34	34	35	36	2	3	4
Thu 19	5	6	7	37	38	39	39	40	41	16	17	19	20	30	31	31	32	33	34	34	35	1	2	3
Fri 20	4	5	6	7	37	38	39	39	40	41	16	17	18	19	20	30	31	32	33	34	35	1	2	3
Sat 21	4	4	5	6	7	8	31	32	33	34	35	36	17	18	19	20	30	31	32	33	34	35	1	2
Sun 22	3	4	5	6	7	8	31	32	33	34	35	36	10	11	13	14	30	31	32	32	33	34	35	36
Mon 23	2	3	5	6	7	8	31	32	32	33	34	35	9	10	11	13	14	15	31	32	33	34	35	36
Tue 24	2	3	4	5	6	7	30	31	32	33	34	35	9	10	11	12	13	14	30	31	32	33	34	35
Wed 25	1	2	3	5	6	7	22	23	24	25	26	27	28	9	10	11	12	13	14	30	31	33	34	35
Thu 26	9	10	11	12	13	14	22	23	24	25	26	27	28	9	10	11	12	13	14	30	31	32	33	34
Fri 27	35	9	10	11	12	13	14	22	23	24	25	26	27	28	29	2	3	5	6	7	8	38	39	39
Sat 28	40	41	42	10	11	13	14	22	23	24	25	26	27	28	29	2	3	4	5	6	7	37	38	39
Sun 29	40	41	42	17	18	18	19	20	21	23	24	25	26	27	28	1	2	3	4	5	6	7	37	38
Mon 30	39	40	41	16	17	18	19	20	21	23	24	25	26	27	28	1	2	3	4	4	5	6	7	8
Tue 31	38	39	40	41	16	17	19	20	21	23	24	25	25	26	27	28	1	2	3	4	4	5	6	7

Tidal Range	Flood	Ebb
Large	Charts 1-8	Charts 22-29
Medium	Charts 9-15	Charts 30-36
Small	Charts 16-21	Charts 37-42

2020 Currents **April**

TOP LINE: TIME OF DAY
2ND LINE: DAY OF WEEK & DATE, FOLLOWED BY CHART FOR EACH HOUR ABOVE

HOUR	1	2	3	4	5	6	7	8	9	10	11	12	13	14	15	16	17	18	19	20	21	22	23	24
Wed 1	37	38	39	39	40	41	16	18	20	30	31	31	32	33	34	34	35	36	2	3	4	4	5	6
HOUR	1	2	3	4	5	6	7	8	9	10	11	12	13	14	15	16	17	18	19	20	21	22	23	24
Thu 2	7	37	38	39	39	40	41	16	17	19	20	21	31	32	32	33	34	35	1	2	3	4	4	5
HOUR	1	2	3	4	5	6	7	8	9	10	11	12	13	14	15	16	17	18	19	20	21	22	23	24
Fri 3	6	7	8	38	39	39	40	41	42	17	19	20	30	31	31	32	33	34	34	35	36	2	3	4
HOUR	1	2	3	4	5	6	7	8	9	10	11	12	13	14	15	16	17	18	19	20	21	22	23	24
Sat 4	5	6	7	37	38	39	39	40	41	16	17	18	19	20	21	23	24	25	26	27	28	1	2	3
HOUR	1	2	3	4	5	6	7	8	9	10	11	12	13	14	15	16	17	18	19	20	21	22	23	24
Sun 5	4	5	6	7	30	31	32	33	34	35	9	10	12	13	14	22	23	24	25	26	27	28	1	2
HOUR	1	2	3	4	5	6	7	8	9	10	11	12	13	14	15	16	17	18	19	20	21	22	23	24
Mon 6	3	5	6	7	22	23	24	26	27	28	9	10	11	12	13	14	22	23	24	26	27	28	1	2
HOUR	1	2	3	4	5	6	7	8	9	10	11	12	13	14	15	16	17	18	19	20	21	22	23	24
Tue 7	3	4	5	6	7	8	23	24	26	27	28	29	2	3	5	6	7	8	23	24	26	27	28	29
HOUR	1	2	3	4	5	6	7	8	9	10	11	12	13	14	15	16	17	18	19	20	21	22	23	24
Wed 8	2	3	5	6	7	8	23	24	25	26	27	28	1	2	3	5	6	7	30	31	32	33	34	35
HOUR	1	2	3	4	5	6	7	8	9	10	11	12	13	14	15	16	17	18	19	20	21	22	23	24
Thu 9	1	2	3	5	6	7	22	23	24	25	26	27	28	1	2	3	5	6	7	30	31	32	33	34
HOUR	1	2	3	4	5	6	7	8	9	10	11	12	13	14	15	16	17	18	19	20	21	22	23	24
Fri 10	35	9	10	12	13	14	22	23	24	25	26	27	28	1	2	3	4	5	6	7	8	31	32	33
HOUR	1	2	3	4	5	6	7	8	9	10	11	12	13	14	15	16	17	18	19	20	21	22	23	24
Sat 11	34	35	36	10	11	13	14	22	23	24	25	26	27	28	29	2	3	4	5	6	7	37	38	39
HOUR	1	2	3	4	5	6	7	8	9	10	11	12	13	14	15	16	17	18	19	20	21	22	23	24
Sun 12	39	40	41	16	17	18	19	20	21	23	24	25	26	27	28	1	2	3	4	5	6	7	37	38
HOUR	1	2	3	4	5	6	7	8	9	10	11	12	13	14	15	16	17	18	19	20	21	22	23	24
Mon 13	39	39	40	41	16	17	19	20	21	23	24	25	25	26	27	28	1	2	3	4	4	5	6	7
HOUR	1	2	3	4	5	6	7	8	9	10	11	12	13	14	15	16	17	18	19	20	21	22	23	24
Tue 14	37	38	39	40	41	42	17	19	20	22	23	24	25	25	26	27	28	29	2	3	4	4	5	6
HOUR	1	2	3	4	5	6	7	8	9	10	11	12	13	14	15	16	17	18	19	20	21	22	23	24
Wed 15	7	37	38	39	39	40	41	16	18	20	30	31	31	32	33	34	34	35	1	2	3	4	4	5
HOUR	1	2	3	4	5	6	7	8	9	10	11	12	13	14	15	16	17	18	19	20	21	22	23	24
Thu 16	6	7	8	38	39	39	40	41	42	17	19	20	30	31	32	33	33	34	35	1	2	3	4	5
HOUR	1	2	3	4	5	6	7	8	9	10	11	12	13	14	15	16	17	18	19	20	21	22	23	24
Fri 17	6	7	8	31	32	32	33	34	35	16	17	18	19	20	21	38	39	39	40	41	42	2	3	4
HOUR	1	2	3	4	5	6	7	8	9	10	11	12	13	14	15	16	17	18	19	20	21	22	23	24
Sat 18	5	6	7	30	31	32	33	33	34	35	16	17	18	19	20	30	31	32	33	34	35	1	2	3
HOUR	1	2	3	4	5	6	7	8	9	10	11	12	13	14	15	16	17	18	19	20	21	22	23	24
Sun 19	4	5	6	7	30	31	32	33	34	35	9	10	11	12	13	14	37	38	39	39	40	41	9	10
HOUR	1	2	3	4	5	6	7	8	9	10	11	12	13	14	15	16	17	18	19	20	21	22	23	24
Mon 20	11	12	13	14	30	31	32	32	33	34	35	36	10	11	12	13	14	15	31	32	34	35	9	10
HOUR	1	2	3	4	5	6	7	8	9	10	11	12	13	14	15	16	17	18	19	20	21	22	23	24
Tue 21	11	12	13	14	22	23	24	25	26	27	28	29	10	11	12	13	14	15	38	39	39	40	41	42
HOUR	1	2	3	4	5	6	7	8	9	10	11	12	13	14	15	16	17	18	19	20	21	22	23	24
Wed 22	10	11	12	13	14	15	23	24	26	27	28	29	2	3	4	5	6	7	30	31	32	33	34	35
HOUR	1	2	3	4	5	6	7	8	9	10	11	12	13	14	15	16	17	18	19	20	21	22	23	24
Thu 23	9	10	11	13	14	15	23	24	25	26	27	28	1	2	3	4	5	6	7	37	38	39	40	41
HOUR	1	2	3	4	5	6	7	8	9	10	11	12	13	14	15	16	17	18	19	20	21	22	23	24
Fri 24	9	10	11	13	14	15	23	24	25	26	27	28	1	2	3	4	5	6	7	37	38	39	39	40
HOUR	1	2	3	4	5	6	7	8	9	10	11	12	13	14	15	16	17	18	19	20	21	22	23	24
Sat 25	41	16	17	18	19	20	22	23	24	25	26	27	28	1	2	3	4	5	6	7	8	38	39	40
HOUR	1	2	3	4	5	6	7	8	9	10	11	12	13	14	15	16	17	18	19	20	21	22	23	24
Sun 26	41	16	17	18	19	20	22	23	24	25	26	27	28	1	2	3	4	4	5	6	7	37	38	39
HOUR	1	2	3	4	5	6	7	8	9	10	11	12	13	14	15	16	17	18	19	20	21	22	23	24
Mon 27	40	41	42	17	18	19	20	22	23	24	25	26	27	28	29	2	3	4	4	5	6	7	37	38
HOUR	1	2	3	4	5	6	7	8	9	10	11	12	13	14	15	16	17	18	19	20	21	22	23	24
Tue 28	39	40	41	16	17	19	20	22	23	24	25	25	26	27	28	1	2	3	4	4	5	6	7	8
HOUR	1	2	3	4	5	6	7	8	9	10	11	12	13	14	15	16	17	18	19	20	21	22	23	24
Wed 29	38	39	40	41	16	17	19	20	21	23	24	25	25	26	27	28	1	2	3	4	4	5	6	7
HOUR	1	2	3	4	5	6	7	8	9	10	11	12	13	14	15	16	17	18	19	20	21	22	23	24
Thu 30	37	38	39	39	40	41	16	18	20	30	31	31	32	33	34	34	35	36	2	3	4	4	5	6

Corrected for Daylight Saving Time

Tidal Range	Flood	Ebb
Large	Charts 1-8	Charts 22-29
Medium	Charts 9-15	Charts 30-36
Small	Charts 16-21	Charts 37-42

May 2020 Currents

TOP LINE: TIME OF DAY
2ND LINE: DAY OF WEEK & DATE, FOLLOWED BY CHART FOR EACH HOUR ABOVE

HOUR	1	2	3	4	5	6	7	8	9	10	11	12	13	14	15	16	17	18	19	20	21	22	23	24
Fri 1	7	37	38	39	39	40	41	16	17	19	20	21	31	32	32	33	34	35	1	2	3	4	5	6
Sat 2	7	30	31	32	32	33	34	35	36	17	19	20	30	31	32	33	33	34	35	1	2	3	4	5
Sun 3	6	7	8	31	32	32	33	34	35	16	17	18	19	20	21	31	32	33	34	35	36	2	3	4
Mon 4	5	6	7	22	23	24	26	27	28	9	10	11	12	13	14	30	31	32	33	34	35	1	2	3
Tue 5	5	6	7	22	23	24	25	26	27	28	1	2	3	5	6	7	30	31	32	33	34	35	1	2
Wed 6	3	5	6	7	22	23	24	25	26	27	28	29	2	3	5	6	7	8	31	32	33	34	35	36
Thu 7	10	11	13	14	22	23	24	25	26	27	28	29	2	3	4	5	6	7	30	31	32	33	34	35
Fri 8	9	10	11	13	14	15	23	24	25	26	27	28	1	2	3	4	5	6	7	30	31	33	34	35
Sat 9	9	10	11	12	13	14	22	23	24	25	26	27	28	1	2	3	4	5	6	7	8	38	39	40
Sun 10	41	16	17	18	19	20	22	23	24	25	25	26	27	28	29	2	3	4	5	6	7	37	38	39
Mon 11	39	40	41	16	17	19	20	22	23	24	25	26	27	28	29	2	3	4	4	5	6	7	37	38
Tue 12	39	39	40	41	16	17	19	20	21	23	24	25	26	27	28	1	2	3	4	4	5	6	7	8
Wed 13	38	39	39	40	41	42	17	19	20	30	31	32	33	33	34	35	1	2	3	4	4	5	6	7
Thu 14	30	31	32	33	33	34	35	16	18	20	30	31	32	32	33	34	35	36	2	3	4	4	5	6
Fri 15	7	30	31	32	32	33	34	35	36	17	19	20	37	38	39	39	40	41	1	2	3	4	5	6
Sat 16	7	30	31	32	32	33	34	35	36	17	18	19	20	37	38	39	39	40	41	9	10	11	11	12
Sun 17	13	14	15	31	32	32	33	34	35	16	17	18	18	19	20	37	38	39	40	41	42	10	11	12
Mon 18	13	14	15	31	32	32	33	34	35	9	10	11	12	12	13	14	37	38	39	40	41	9	10	11
Tue 19	12	13	14	22	23	24	25	26	27	28	9	10	11	11	12	13	14	15	38	39	40	41	9	10
Wed 20	12	13	14	22	23	24	25	26	27	28	1	2	3	4	5	6	7	8	38	39	40	41	16	17
Thu 21	18	18	19	20	22	23	24	25	26	27	28	29	2	3	4	5	6	7	37	38	39	40	41	42
Fri 22	17	18	19	20	22	23	24	25	26	27	28	29	2	3	4	4	5	6	7	37	38	39	40	41
Sat 23	16	17	18	19	20	21	23	24	25	26	27	28	1	2	3	4	5	6	7	37	38	39	40	41
Sun 24	16	17	18	19	20	21	23	24	25	26	27	28	1	2	3	4	4	5	6	7	8	38	39	40
Mon 25	41	16	17	18	19	20	22	23	24	25	26	27	28	1	2	3	4	4	5	6	7	37	38	39
Tue 26	40	41	42	17	19	20	22	23	24	25	25	26	27	28	29	2	3	4	4	5	6	7	37	38
Wed 27	39	40	41	16	17	19	20	22	23	24	25	26	27	28	29	2	3	4	4	5	6	7	37	38
Thu 28	39	39	40	41	16	17	19	20	21	23	24	25	26	27	28	1	2	3	4	4	5	6	7	8
Fri 29	38	38	39	40	40	41	16	18	20	30	31	32	33	33	34	35	1	2	3	4	4	5	6	7
Sat 30	30	31	32	33	33	34	35	16	17	19	20	21	31	32	33	34	35	36	2	3	4	4	5	6
Sun 31	7	30	31	32	33	34	35	16	17	18	18	19	20	37	38	39	40	41	1	2	3	4	5	6

Corrected for Daylight Saving Time

Tidal Range	Flood	Ebb
Large	Charts 1-8	Charts 22-29
Medium	Charts 9-15	Charts 30-36
Small	Charts 16-21	Charts 37-42

2020 Currents **June**

TOP LINE: TIME OF DAY
2ND LINE: DAY OF WEEK & DATE, FOLLOWED BY CHART FOR EACH HOUR ABOVE

HOUR	1	2	3	4	5	6	7	8	9	10	11	12	13	14	15	16	17	18	19	20	21	22	23	24
Mon 1	7	22	23	24	25	26	27	28	29	10	11	12	13	14	15	38	39	40	41	9	10	11	11	12
Tue 2	13	14	15	23	24	25	26	27	28	1	2	3	5	6	7	37	38	39	39	40	41	9	10	11
Wed 3	13	14	15	23	24	25	25	26	27	28	1	2	3	4	5	6	7	8	38	39	40	41	9	10
Thu 4	12	13	14	22	23	24	25	26	27	28	1	2	3	4	5	6	7	8	38	39	39	40	41	42
Fri 5	10	11	13	14	22	23	24	25	26	27	28	29	2	3	4	5	6	7	37	38	39	40	41	42
Sat 6	17	18	19	20	22	23	24	25	25	26	27	28	1	2	3	4	5	6	7	37	38	39	40	41
Sun 7	16	17	18	19	20	21	23	24	25	26	27	28	1	2	3	4	4	5	6	7	8	38	39	40
Mon 8	41	16	17	18	19	20	22	23	24	25	26	27	28	1	2	3	4	4	5	6	7	37	38	39
Tue 9	40	41	42	17	18	19	20	22	23	24	25	26	27	28	29	2	3	4	4	5	6	7	37	38
Wed 10	39	39	40	41	16	18	20	22	23	24	25	25	26	27	28	1	2	3	4	5	6	7	37	38
Thu 11	38	39	40	40	41	42	18	20	22	31	32	32	33	34	35	1	2	3	4	4	5	6	7	8
Fri 12	31	32	32	33	34	35	16	17	19	20	37	38	39	39	40	41	1	2	3	4	4	5	6	7
Sat 13	30	31	32	33	33	34	35	16	17	19	20	21	38	39	39	40	41	42	10	11	11	12	13	14
Sun 14	30	31	31	32	33	34	34	35	36	17	18	19	20	37	38	39	40	41	9	10	11	12	12	13
Mon 15	14	30	31	32	32	33	34	35	36	10	11	12	13	14	15	38	39	40	41	9	10	11	12	13
Tue 16	14	22	23	24	25	25	26	27	28	9	10	11	12	12	13	14	37	38	40	41	42	17	18	18
Wed 17	19	20	21	23	24	25	26	27	28	1	2	3	4	5	6	7	37	38	39	40	41	16	17	18
Thu 18	19	20	21	23	24	25	25	26	27	28	1	2	3	4	5	6	7	8	38	39	40	41	16	17
Fri 19	18	19	20	22	23	24	25	26	27	28	1	2	3	4	4	5	6	7	37	38	39	40	41	42
Sat 20	17	19	20	22	23	24	25	25	26	27	28	29	2	3	4	4	5	6	7	37	38	40	41	42
Sun 21	17	18	19	20	22	23	24	25	25	26	27	28	1	2	3	4	5	6	7	37	38	39	40	41
Mon 22	16	17	18	19	20	21	23	24	25	26	27	28	1	2	3	4	4	5	6	7	8	38	39	40
Tue 23	41	16	17	19	20	21	23	24	25	25	26	27	28	1	2	3	4	5	6	7	8	38	39	39
Wed 24	40	41	42	17	19	20	22	23	24	25	26	27	28	1	2	3	4	4	5	6	7	37	38	39
Thu 25	39	40	41	16	17	19	20	22	23	24	25	26	27	28	29	2	3	4	4	5	6	7	30	31
Fri 26	32	33	34	35	16	17	19	20	21	23	24	25	26	27	28	1	2	3	4	5	6	7	30	31
Sat 27	32	32	33	34	35	36	17	19	20	30	31	32	33	33	34	35	1	2	3	4	5	6	7	8
Sun 28	31	32	32	33	34	35	16	17	18	19	20	21	38	39	39	40	41	42	2	3	4	5	6	7
Mon 29	22	23	24	25	26	27	28	9	10	11	12	13	14	37	38	39	40	41	9	10	11	12	13	14
Tue 30	22	23	24	25	25	26	27	28	29	10	11	12	13	14	15	38	39	40	41	9	10	11	12	13

Corrected for Daylight Saving Time

Tidal Range	Flood	Ebb
Large	Charts 1-8	Charts 22-29
Medium	Charts 9-15	Charts 30-36
Small	Charts 16-21	Charts 37-42

July 2020 Currents

TOP LINE: TIME OF DAY
2ND LINE: DAY OF WEEK & DATE, FOLLOWED BY CHART FOR EACH HOUR ABOVE

HOUR	1	2	3	4	5	6	7	8	9	10	11	12	13	14	15	16	17	18	19	20	21	22	23	24
Wed 1	14	22	23	24	25	26	27	28	29	2	3	4	4	5	6	7	37	38	40	41	42	10	11	12
Thu 2	13	14	15	23	24	25	26	27	28	1	2	3	4	4	5	6	7	8	38	40	41	16	17	18
Fri 3	19	20	21	23	24	25	25	26	27	28	1	2	3	4	4	5	6	7	37	38	40	41	16	17
Sat 4	18	19	20	22	23	24	25	25	26	27	28	29	2	3	4	5	6	7	37	38	39	40	41	42
Sun 5	17	18	19	20	22	23	24	25	26	27	28	29	2	3	4	4	5	6	7	37	38	39	40	41
Mon 6	16	17	18	19	20	21	23	24	25	26	27	28	1	2	3	4	4	5	6	7	8	38	39	40
Tue 7	41	16	17	18	19	20	22	23	24	25	26	27	28	1	2	3	4	5	6	7	8	38	39	39
Wed 8	40	41	42	17	19	20	22	23	24	25	26	27	28	1	2	3	4	4	5	6	7	37	38	39
Thu 9	39	40	41	16	17	19	20	22	23	24	25	26	27	28	29	2	3	4	4	5	6	7	30	31
Fri 10	32	33	34	35	16	17	19	20	21	31	32	32	33	34	35	1	2	3	4	5	6	7	30	31
Sat 11	32	32	33	34	35	36	17	19	20	37	38	39	39	40	41	1	2	3	4	4	5	6	7	8
Sun 12	31	32	32	33	34	35	16	17	18	19	20	21	38	39	40	41	9	10	11	11	12	13	14	15
Mon 13	31	32	32	33	34	35	16	17	17	18	19	19	20	37	38	40	41	42	10	11	11	12	13	14
Tue 14	30	31	32	33	33	34	35	9	10	11	11	12	13	14	15	38	40	41	16	17	18	18	19	20
Wed 15	22	23	24	25	25	26	27	28	29	10	11	11	12	13	14	37	38	40	41	16	17	18	18	19
Thu 16	20	22	23	24	25	25	26	27	28	1	2	3	4	5	6	7	37	38	39	40	41	16	17	19
Fri 17	20	22	23	24	25	25	26	27	28	1	2	3	4	4	5	6	7	8	38	39	40	41	16	17
Sat 18	19	20	21	23	24	25	25	26	27	28	1	2	3	4	4	5	6	7	37	38	40	41	16	17
Sun 19	18	19	20	22	23	24	25	25	26	27	28	29	2	3	4	5	6	7	37	38	39	40	41	42
Mon 20	17	18	19	20	22	23	24	25	26	27	28	29	2	3	4	4	5	6	7	37	38	39	40	41
Tue 21	16	17	19	20	22	23	24	25	25	26	27	28	1	2	3	4	5	6	7	37	38	39	39	40
Wed 22	41	16	17	19	20	21	23	24	25	25	26	27	28	1	2	3	4	5	6	7	8	38	39	40
Thu 23	41	16	17	18	19	20	22	23	24	25	26	27	28	1	2	3	4	5	6	7	8	31	32	33
Fri 24	34	35	36	17	18	19	20	22	23	24	25	26	27	28	29	2	3	4	5	6	7	30	31	32
Sat 25	33	34	35	16	17	18	19	20	21	31	32	32	33	34	35	1	2	3	4	5	6	7	22	23
Sun 26	24	26	27	28	9	10	11	12	13	14	30	31	33	34	35	1	2	3	4	5	6	7	22	23
Mon 27	24	25	26	27	28	29	10	11	12	13	14	15	38	39	40	41	9	10	11	11	12	13	14	15
Tue 28	23	24	25	26	27	28	9	10	11	12	12	13	14	37	38	39	40	41	9	10	11	12	13	14
Wed 29	22	23	24	25	26	27	28	1	2	3	4	4	5	6	7	37	38	40	41	16	17	18	19	20
Thu 30	22	23	24	25	25	26	27	28	29	2	3	4	4	5	6	7	37	38	40	41	42	17	18	19
Fri 31	20	22	23	24	25	25	26	27	28	1	2	3	4	4	5	6	7	8	38	39	40	41	16	17

Corrected for Daylight Saving Time

Tidal Range	Flood	Ebb
Large	Charts 1-8	Charts 22-29
Medium	Charts 9-15	Charts 30-36
Small	Charts 16-21	Charts 37-42

2020 Currents **August**

TOP LINE: TIME OF DAY
2ND LINE: DAY OF WEEK & DATE, FOLLOWED BY CHART FOR EACH HOUR ABOVE

HOUR	1	2	3	4	5	6	7	8	9	10	11	12	13	14	15	16	17	18	19	20	21	22	23	24
Sat 1	19	20	21	23	24	25	25	26	27	28	1	2	3	4	5	6	7	8	38	39	40	41	16	17
HOUR	1	2	3	4	5	6	7	8	9	10	11	12	13	14	15	16	17	18	19	20	21	22	23	24
Sun 2	18	19	20	22	23	24	25	25	26	27	28	29	2	3	4	5	6	7	37	38	39	40	41	42
HOUR	1	2	3	4	5	6	7	8	9	10	11	12	13	14	15	16	17	18	19	20	21	22	23	24
Mon 3	17	18	19	20	22	23	24	25	26	27	28	29	2	3	4	4	5	6	7	37	38	39	40	41
HOUR	1	2	3	4	5	6	7	8	9	10	11	12	13	14	15	16	17	18	19	20	21	22	23	24
Tue 4	16	17	18	19	20	21	23	24	25	26	27	28	1	2	3	4	5	6	7	37	38	39	39	40
HOUR	1	2	3	4	5	6	7	8	9	10	11	12	13	14	15	16	17	18	19	20	21	22	23	24
Wed 5	41	16	17	19	20	21	23	24	25	26	27	28	1	2	3	4	4	5	6	7	8	31	32	34
HOUR	1	2	3	4	5	6	7	8	9	10	11	12	13	14	15	16	17	18	19	20	21	22	23	24
Thu 6	35	16	17	18	19	20	22	23	24	25	26	27	28	1	2	3	4	5	6	7	8	31	32	33
HOUR	1	2	3	4	5	6	7	8	9	10	11	12	13	14	15	16	17	18	19	20	21	22	23	24
Fri 7	34	35	36	17	18	19	20	30	31	32	32	33	34	35	36	2	3	4	5	6	7	30	31	32
HOUR	1	2	3	4	5	6	7	8	9	10	11	12	13	14	15	16	17	18	19	20	21	22	23	24
Sat 8	33	34	35	16	17	18	19	20	21	31	32	33	34	35	36	2	3	4	5	6	7	30	31	32
HOUR	1	2	3	4	5	6	7	8	9	10	11	12	13	14	15	16	17	18	19	20	21	22	23	24
Sun 9	33	33	34	35	16	17	18	19	20	37	38	39	39	40	41	9	10	11	12	13	14	30	31	32
HOUR	1	2	3	4	5	6	7	8	9	10	11	12	13	14	15	16	17	18	19	20	21	22	23	24
Mon 10	33	33	34	35	9	10	11	12	13	14	37	38	39	40	41	9	10	11	12	12	13	14	30	31
HOUR	1	2	3	4	5	6	7	8	9	10	11	12	13	14	15	16	17	18	19	20	21	22	23	24
Tue 11	32	32	33	34	35	36	10	11	11	12	13	14	37	38	40	41	16	17	18	18	19	20	30	31
HOUR	1	2	3	4	5	6	7	8	9	10	11	12	13	14	15	16	17	18	19	20	21	22	23	24
Wed 12	31	32	33	34	34	35	9	10	10	11	12	13	13	14	15	39	41	43	17	18	18	19	20	21
HOUR	1	2	3	4	5	6	7	8	9	10	11	12	13	14	15	16	17	18	19	20	21	22	23	24
Thu 13	23	24	25	25	26	27	28	9	10	10	11	12	13	13	14	37	38	40	41	16	17	18	19	20
HOUR	1	2	3	4	5	6	7	8	9	10	11	12	13	14	15	16	17	18	19	20	21	22	23	24
Fri 14	22	23	24	25	25	26	27	28	29	2	3	4	4	5	6	7	37	38	40	41	42	17	19	20
HOUR	1	2	3	4	5	6	7	8	9	10	11	12	13	14	15	16	17	18	19	20	21	22	23	24
Sat 15	22	23	23	24	25	26	26	27	28	1	2	3	4	5	6	7	37	38	39	40	41	16	17	19
HOUR	1	2	3	4	5	6	7	8	9	10	11	12	13	14	15	16	17	18	19	20	21	22	23	24
Sun 16	20	22	23	24	25	25	26	27	28	1	2	3	4	4	5	6	7	8	38	39	40	41	16	17
HOUR	1	2	3	4	5	6	7	8	9	10	11	12	13	14	15	16	17	18	19	20	21	22	23	24
Mon 17	19	20	21	23	24	25	25	26	27	28	1	2	3	4	4	5	6	7	37	38	39	40	41	42
HOUR	1	2	3	4	5	6	7	8	9	10	11	12	13	14	15	16	17	18	19	20	21	22	23	24
Tue 18	17	19	20	22	23	24	25	25	26	27	28	29	2	3	4	5	6	7	37	38	39	40	41	42
HOUR	1	2	3	4	5	6	7	8	9	10	11	12	13	14	15	16	17	18	19	20	21	22	23	24
Wed 19	17	18	19	20	22	23	24	25	25	26	27	28	1	2	3	4	5	6	7	30	31	33	34	35
HOUR	1	2	3	4	5	6	7	8	9	10	11	12	13	14	15	16	17	18	19	20	21	22	23	24
Thu 20	9	10	11	13	14	15	23	24	25	26	27	28	1	2	3	4	5	6	7	30	31	32	33	34
HOUR	1	2	3	4	5	6	7	8	9	10	11	12	13	14	15	16	17	18	19	20	21	22	23	24
Fri 21	35	9	10	12	13	14	22	23	24	25	26	27	28	1	2	3	4	5	6	7	8	23	24	26
HOUR	1	2	3	4	5	6	7	8	9	10	11	12	13	14	15	16	17	18	19	20	21	22	23	24
Sat 22	27	28	29	10	11	13	14	22	23	24	25	26	27	28	29	2	3	5	6	7	8	23	24	25
HOUR	1	2	3	4	5	6	7	8	9	10	11	12	13	14	15	16	17	18	19	20	21	22	23	24
Sun 23	26	27	28	9	10	11	13	14	15	31	32	33	34	35	36	2	3	4	5	6	7	22	23	24
HOUR	1	2	3	4	5	6	7	8	9	10	11	12	13	14	15	16	17	18	19	20	21	22	23	24
Mon 24	25	26	27	28	9	10	11	12	13	14	37	38	39	40	41	9	10	11	12	13	14	22	23	24
HOUR	1	2	3	4	5	6	7	8	9	10	11	12	13	14	15	16	17	18	19	20	21	22	23	24
Tue 25	25	25	26	27	28	29	2	3	5	6	7	8	38	39	40	41	9	10	11	12	13	14	22	23
HOUR	1	2	3	4	5	6	7	8	9	10	11	12	13	14	15	16	17	18	19	20	21	22	23	24
Wed 26	24	25	25	26	27	28	1	2	3	4	5	6	7	37	38	39	40	41	16	17	18	19	20	21
HOUR	1	2	3	4	5	6	7	8	9	10	11	12	13	14	15	16	17	18	19	20	21	22	23	24
Thu 27	23	24	25	25	26	27	28	1	2	3	4	5	6	7	8	38	39	40	41	16	17	18	19	20
HOUR	1	2	3	4	5	6	7	8	9	10	11	12	13	14	15	16	17	18	19	20	21	22	23	24
Fri 28	22	23	24	25	25	26	27	28	29	2	3	4	5	6	7	37	38	39	39	40	41	16	17	19
HOUR	1	2	3	4	5	6	7	8	9	10	11	12	13	14	15	16	17	18	19	20	21	22	23	24
Sat 29	20	22	23	24	25	25	26	27	28	1	2	3	4	5	6	7	37	38	39	39	40	41	16	17
HOUR	1	2	3	4	5	6	7	8	9	10	11	12	13	14	15	16	17	18	19	20	21	22	23	24
Sun 30	19	20	21	23	24	25	26	27	28	1	2	3	4	4	5	6	7	8	38	39	40	41	16	17
HOUR	1	2	3	4	5	6	7	8	9	10	11	12	13	14	15	16	17	18	19	20	21	22	23	24
Mon 31	18	19	20	22	23	24	25	26	27	28	1	2	3	4	4	5	6	7	37	38	39	40	41	42

Corrected for Daylight Saving Time

Tidal Range	Flood	Ebb
Large	Charts 1-8	Charts 22-29
Medium	Charts 9-15	Charts 30-36
Small	Charts 16-21	Charts 37-42

September 2020 Currents

TOP LINE: TIME OF DAY
2ND LINE: DAY OF WEEK & DATE, FOLLOWED BY CHART FOR EACH HOUR ABOVE

HOUR	1	2	3	4	5	6	7	8	9	10	11	12	13	14	15	16	17	18	19	20	21	22	23	24
Tue 1	17	18	19	20	22	23	24	25	26	27	28	29	2	3	4	5	6	7	37	38	39	39	40	41
HOUR	1	2	3	4	5	6	7	8	9	10	11	12	13	14	15	16	17	18	19	20	21	22	23	24
Wed 2	16	17	18	19	20	21	23	24	25	26	27	28	1	2	3	5	6	7	30	31	32	33	34	35
HOUR	1	2	3	4	5	6	7	8	9	10	11	12	13	14	15	16	17	18	19	20	21	22	23	24
Thu 3	9	10	11	12	13	14	22	23	24	26	27	28	1	2	3	4	5	6	7	30	31	32	33	34
HOUR	1	2	3	4	5	6	7	8	9	10	11	12	13	14	15	16	17	18	19	20	21	22	23	24
Fri 4	35	9	10	12	13	14	30	31	32	33	33	34	35	1	2	3	5	6	7	30	31	32	33	34
HOUR	1	2	3	4	5	6	7	8	9	10	11	12	13	14	15	16	17	18	19	20	21	22	23	24
Sat 5	35	9	10	11	12	13	14	30	31	32	33	34	35	9	10	11	11	12	13	14	15	31	32	33
HOUR	1	2	3	4	5	6	7	8	9	10	11	12	13	14	15	16	17	18	19	20	21	22	23	24
Sun 6	34	35	36	10	11	12	13	14	15	31	32	33	34	35	36	10	11	12	13	14	15	31	32	32
HOUR	1	2	3	4	5	6	7	8	9	10	11	12	13	14	15	16	17	18	19	20	21	22	23	24
Mon 7	33	34	35	9	10	11	12	13	14	37	38	39	40	41	42	10	11	12	13	14	15	31	32	32
HOUR	1	2	3	4	5	6	7	8	9	10	11	12	13	14	15	16	17	18	19	20	21	22	23	24
Tue 8	33	34	35	9	10	11	12	12	13	14	37	38	39	40	41	16	17	18	18	19	20	30	31	32
HOUR	1	2	3	4	5	6	7	8	9	10	11	12	13	14	15	16	17	18	19	20	21	22	23	24
Wed 9	33	33	34	35	9	10	11	11	12	13	14	15	38	39	40	41	16	17	18	19	20	30	31	31
HOUR	1	2	3	4	5	6	7	8	9	10	11	12	13	14	15	16	17	18	19	20	21	22	23	24
Thu 10	32	33	34	34	35	36	10	10	11	12	13	13	14	37	38	40	41	42	17	18	19	20	30	31
HOUR	1	2	3	4	5	6	7	8	9	10	11	12	13	14	15	16	17	18	19	20	21	22	23	24
Fri 11	31	32	33	34	34	35	1	2	3	4	4	5	6	7	8	38	39	40	41	16	17	19	20	21
HOUR	1	2	3	4	5	6	7	8	9	10	11	12	13	14	15	16	17	18	19	20	21	22	23	24
Sat 12	31	31	32	33	34	34	35	1	2	3	4	4	5	6	7	37	38	39	40	41	42	17	19	20
HOUR	1	2	3	4	5	6	7	8	9	10	11	12	13	14	15	16	17	18	19	20	21	22	23	24
Sun 13	30	31	31	32	33	34	34	35	36	2	3	4	4	5	6	7	37	38	39	40	41	16	17	19
HOUR	1	2	3	4	5	6	7	8	9	10	11	12	13	14	15	16	17	18	19	20	21	22	23	24
Mon 14	20	22	23	24	25	25	26	27	28	1	2	3	4	5	6	7	37	38	39	39	40	41	16	17
HOUR	1	2	3	4	5	6	7	8	9	10	11	12	13	14	15	16	17	18	19	20	21	22	23	24
Tue 15	19	20	21	23	24	25	25	26	27	28	1	2	3	4	5	6	7	8	38	39	40	41	9	10
HOUR	1	2	3	4	5	6	7	8	9	10	11	12	13	14	15	16	17	18	19	20	21	22	23	24
Wed 16	11	12	13	14	22	23	24	26	27	28	1	2	3	4	5	6	7	8	31	32	33	34	35	36
HOUR	1	2	3	4	5	6	7	8	9	10	11	12	13	14	15	16	17	18	19	20	21	22	23	24
Thu 17	10	11	12	13	14	15	23	24	26	27	28	29	2	3	4	5	6	7	22	23	24	26	27	28
HOUR	1	2	3	4	5	6	7	8	9	10	11	12	13	14	15	16	17	18	19	20	21	22	23	24
Fri 18	9	10	11	13	14	15	23	24	25	26	27	28	1	2	3	5	6	7	22	23	24	25	26	27
HOUR	1	2	3	4	5	6	7	8	9	10	11	12	13	14	15	16	17	18	19	20	21	22	23	24
Sat 19	28	1	2	4	5	7	22	23	24	25	26	27	28	1	2	3	5	6	7	22	23	24	26	27
HOUR	1	2	3	4	5	6	7	8	9	10	11	12	13	14	15	16	17	18	19	20	21	22	23	24
Sun 20	28	1	2	3	4	5	6	7	8	31	32	34	35	1	2	3	5	6	7	22	23	24	25	26
HOUR	1	2	3	4	5	6	7	8	9	10	11	12	13	14	15	16	17	18	19	20	21	22	23	24
Mon 21	27	28	29	2	3	4	5	6	7	37	38	39	40	41	42	10	11	12	13	14	15	23	24	25
HOUR	1	2	3	4	5	6	7	8	9	10	11	12	13	14	15	16	17	18	19	20	21	22	23	24
Tue 22	26	27	28	1	2	3	4	5	6	7	37	38	39	40	41	16	17	18	19	20	21	23	24	25
HOUR	1	2	3	4	5	6	7	8	9	10	11	12	13	14	15	16	17	18	19	20	21	22	23	24
Wed 23	25	26	27	28	1	2	3	4	5	6	7	8	38	39	39	40	41	42	17	19	20	22	23	24
HOUR	1	2	3	4	5	6	7	8	9	10	11	12	13	14	15	16	17	18	19	20	21	22	23	24
Thu 24	25	25	26	27	28	29	2	3	4	4	5	6	7	37	38	39	40	41	16	17	19	20	22	23
HOUR	1	2	3	4	5	6	7	8	9	10	11	12	13	14	15	16	17	18	19	20	21	22	23	24
Fri 25	24	25	25	26	27	28	1	2	3	4	4	5	6	7	8	38	39	39	40	41	42	17	19	20
HOUR	1	2	3	4	5	6	7	8	9	10	11	12	13	14	15	16	17	18	19	20	21	22	23	24
Sat 26	30	31	32	33	33	34	35	1	2	3	4	4	5	6	7	37	38	39	39	40	41	16	17	19
HOUR	1	2	3	4	5	6	7	8	9	10	11	12	13	14	15	16	17	18	19	20	21	22	23	24
Sun 27	20	30	31	32	32	33	34	35	36	2	3	4	4	5	6	7	37	38	39	39	40	41	16	17
HOUR	1	2	3	4	5	6	7	8	9	10	11	12	13	14	15	16	17	18	19	20	21	22	23	24
Mon 28	19	20	21	31	32	32	33	34	35	1	2	3	4	5	6	7	30	31	32	33	34	35	16	17
HOUR	1	2	3	4	5	6	7	8	9	10	11	12	13	14	15	16	17	18	19	20	21	22	23	24
Tue 29	18	19	20	30	31	32	33	33	34	35	1	2	3	4	5	6	7	8	31	32	33	34	35	36
HOUR	1	2	3	4	5	6	7	8	9	10	11	12	13	14	15	16	17	18	19	20	21	22	23	24
Wed 30	10	11	13	14	30	31	32	32	33	34	35	36	2	3	5	6	7	8	31	32	33	34	35	36

Corrected for Daylight Saving Time

Tidal Range	Flood	Ebb
Large	Charts 1-8	Charts 22-29
Medium	Charts 9-15	Charts 30-36
Small	Charts 16-21	Charts 37-42

2020 Currents **October**

TOP LINE: TIME OF DAY
2ND LINE: DAY OF WEEK & DATE, FOLLOWED BY CHART FOR EACH HOUR ABOVE

HOUR	1	2	3	4	5	6	7	8	9	10	11	12	13	14	15	16	17	18	19	20	21	22	23	24
Thu 1	10	11	12	13	14	15	31	32	33	34	35	36	2	3	5	6	7	8	31	32	32	33	34	35
HOUR	1	2	3	4	5	6	7	8	9	10	11	12	13	14	15	16	17	18	19	20	21	22	23	24
Fri 2	9	10	11	12	13	14	30	31	32	33	34	35	9	10	11	12	13	14	30	31	32	33	34	35
HOUR	1	2	3	4	5	6	7	8	9	10	11	12	13	14	15	16	17	18	19	20	21	22	23	24
Sat 3	9	10	11	12	13	14	30	31	32	33	34	35	9	10	11	12	13	14	22	23	24	25	26	27
HOUR	1	2	3	4	5	6	7	8	9	10	11	12	13	14	15	16	17	18	19	20	21	22	23	24
Sun 4	28	1	2	3	5	6	7	30	31	32	33	34	35	9	10	12	13	14	22	23	24	25	26	27
HOUR	1	2	3	4	5	6	7	8	9	10	11	12	13	14	15	16	17	18	19	20	21	22	23	24
Mon 5	28	1	2	3	4	5	6	7	8	38	39	40	41	16	17	18	18	19	20	22	23	24	25	26
HOUR	1	2	3	4	5	6	7	8	9	10	11	12	13	14	15	16	17	18	19	20	21	22	23	24
Tue 6	27	28	29	2	3	4	5	6	7	37	38	39	40	41	42	17	18	19	20	22	23	24	25	26
HOUR	1	2	3	4	5	6	7	8	9	10	11	12	13	14	15	16	17	18	19	20	21	22	23	24
Wed 7	27	28	29	2	3	4	4	5	6	7	37	38	39	40	41	16	17	18	19	20	21	23	24	25
HOUR	1	2	3	4	5	6	7	8	9	10	11	12	13	14	15	16	17	18	19	20	21	22	23	24
Thu 8	26	27	28	1	2	3	4	4	5	6	7	8	38	39	40	41	16	17	19	20	21	31	31	32
HOUR	1	2	3	4	5	6	7	8	9	10	11	12	13	14	15	16	17	18	19	20	21	22	23	24
Fri 9	33	34	34	35	1	2	3	4	4	5	6	7	37	38	39	39	40	41	16	18	20	30	31	31
HOUR	1	2	3	4	5	6	7	8	9	10	11	12	13	14	15	16	17	18	19	20	21	22	23	24
Sat 10	32	33	34	34	35	36	2	3	4	4	5	6	7	37	38	38	39	40	40	41	42	20	30	31
HOUR	1	2	3	4	5	6	7	8	9	10	11	12	13	14	15	16	17	18	19	20	21	22	23	24
Sun 11	31	32	33	34	34	35	1	2	3	4	4	5	6	7	8	38	39	39	40	41	42	17	19	20
HOUR	1	2	3	4	5	6	7	8	9	10	11	12	13	14	15	16	17	18	19	20	21	22	23	24
Mon 12	30	31	32	33	33	34	35	1	2	3	4	4	5	6	7	37	38	39	39	40	41	16	17	19
HOUR	1	2	3	4	5	6	7	8	9	10	11	12	13	14	15	16	17	18	19	20	21	22	23	24
Tue 13	20	30	31	32	32	33	34	35	36	2	3	4	5	6	7	30	31	32	33	34	35	9	10	11
HOUR	1	2	3	4	5	6	7	8	9	10	11	12	13	14	15	16	17	18	19	20	21	22	23	24
Wed 14	12	13	14	30	31	32	33	34	35	1	2	3	4	5	6	7	30	31	32	33	34	35	9	10
HOUR	1	2	3	4	5	6	7	8	9	10	11	12	13	14	15	16	17	18	19	20	21	22	23	24
Thu 15	11	12	13	14	22	23	24	26	27	28	1	2	3	5	6	7	22	23	24	25	26	27	28	29
HOUR	1	2	3	4	5	6	7	8	9	10	11	12	13	14	15	16	17	18	19	20	21	22	23	24
Fri 16	2	3	5	6	7	8	23	24	26	27	28	29	2	3	5	6	7	8	23	24	26	27	28	29
HOUR	1	2	3	4	5	6	7	8	9	10	11	12	13	14	15	16	17	18	19	20	21	22	23	24
Sat 17	2	3	4	5	6	7	30	31	32	34	35	36	2	3	5	6	7	8	23	24	25	26	27	28
HOUR	1	2	3	4	5	6	7	8	9	10	11	12	13	14	15	16	17	18	19	20	21	22	23	24
Sun 18	1	2	3	4	5	6	7	30	31	33	34	35	9	10	11	12	13	14	22	23	24	25	26	27
HOUR	1	2	3	4	5	6	7	8	9	10	11	12	13	14	15	16	17	18	19	20	21	22	23	24
Mon 19	28	1	2	3	4	5	6	7	8	31	32	34	35	9	10	12	13	14	22	23	24	25	25	26
HOUR	1	2	3	4	5	6	7	8	9	10	11	12	13	14	15	16	17	18	19	20	21	22	23	24
Tue 20	27	28	29	2	3	4	5	6	7	37	38	39	40	41	42	17	18	19	20	22	23	24	25	26
HOUR	1	2	3	4	5	6	7	8	9	10	11	12	13	14	15	16	17	18	19	20	21	22	23	24
Wed 21	27	28	29	2	3	4	4	5	6	7	37	38	39	40	41	16	17	18	19	20	21	23	24	25
HOUR	1	2	3	4	5	6	7	8	9	10	11	12	13	14	15	16	17	18	19	20	21	22	23	24
Thu 22	26	27	28	1	2	3	4	4	5	6	7	8	38	39	39	40	41	42	17	19	20	22	23	24
HOUR	1	2	3	4	5	6	7	8	9	10	11	12	13	14	15	16	17	18	19	20	21	22	23	24
Fri 23	25	26	27	28	1	2	3	4	4	5	6	7	37	38	38	39	40	40	41	16	18	20	30	31
HOUR	1	2	3	4	5	6	7	8	9	10	11	12	13	14	15	16	17	18	19	20	21	22	23	24
Sat 24	32	32	33	34	35	36	2	3	4	4	5	6	7	30	31	32	32	33	34	35	36	17	19	20
HOUR	1	2	3	4	5	6	7	8	9	10	11	12	13	14	15	16	17	18	19	20	21	22	23	24
Sun 25	30	31	32	33	34	35	1	2	3	4	4	5	6	7	8	31	32	32	33	34	35	16	17	19
HOUR	1	2	3	4	5	6	7	8	9	10	11	12	13	14	15	16	17	18	19	20	21	22	23	24
Mon 26	20	37	38	38	39	40	40	41	42	2	3	4	5	6	7	30	31	32	33	34	35	16	17	18
HOUR	1	2	3	4	5	6	7	8	9	10	11	12	13	14	15	16	17	18	19	20	21	22	23	24
Tue 27	18	19	20	37	38	39	39	40	41	9	10	11	12	13	14	30	31	32	33	33	34	35	9	10
HOUR	1	2	3	4	5	6	7	8	9	10	11	12	13	14	15	16	17	18	19	20	21	22	23	24
Wed 28	11	12	13	14	37	38	39	40	41	9	10	11	12	12	13	14	22	23	24	26	27	28	9	10
HOUR	1	2	3	4	5	6	7	8	9	10	11	12	13	14	15	16	17	18	19	20	21	22	23	24
Thu 29	11	12	13	14	37	38	39	39	40	41	9	10	11	12	13	14	22	23	24	25	26	27	28	29
HOUR	1	2	3	4	5	6	7	8	9	10	11	12	13	14	15	16	17	18	19	20	21	22	23	24
Fri 30	2	3	5	6	7	8	31	32	33	34	35	36	10	11	13	14	22	23	24	25	26	27	28	29
HOUR	1	2	3	4	5	6	7	8	9	10	11	12	13	14	15	16	17	18	19	20	21	22	23	24
Sat 31	2	3	4	5	6	7	37	38	39	40	41	42	10	11	12	13	14	15	23	24	25	26	27	28

Corrected for Daylight Saving Time

Tidal Range	Flood	Ebb
Large	Charts 1-8	Charts 22-29
Medium	Charts 9-15	Charts 30-36
Small	Charts 16-21	Charts 37-42

November 2020 Currents

TOP LINE: TIME OF DAY
2ND LINE: DAY OF WEEK & DATE, FOLLOWED BY CHART FOR EACH HOUR ABOVE

HOUR	1	2	3	4	5	6	7	8	9	10	11	12	13	14	15	16	17	18	19	20	21	22	23	24
Sun 1	1	2	3	5	6	7	37	38	39	40	41	42	17	18	19	20	22	23	24	25	26	27	28	29
Mon 2	2	3	4	5	6	7	37	38	39	39	40	41	16	17	19	20	22	23	24	25	25	26	27	28
Tue 3	1	2	3	4	5	6	7	37	38	39	40	41	16	17	18	19	20	21	23	24	25	26	27	28
Wed 4	1	2	3	4	4	5	6	7	8	38	39	40	41	16	17	19	20	21	23	24	25	25	26	27
Thu 5	28	1	2	3	4	4	5	6	7	37	38	39	40	41	42	17	19	20	22	23	24	25	26	27
Fri 6	28	1	2	3	4	4	5	6	7	37	38	39	39	40	41	16	18	20	22	23	24	25	25	26
Sat 7	27	28	29	2	3	4	4	5	6	7	37	38	38	39	40	40	41	42	41	30	31	31	32	33
Sun 8	34	34	35	1	2	3	4	4	5	6	7	8	38	38	39	40	40	41	16	18	20	30	31	32
Mon 9	33	33	34	35	1	2	3	4	4	5	6	7	30	31	32	33	33	34	35	16	17	19	20	21
Tue 10	38	39	39	40	41	42	2	3	4	4	5	6	7	30	31	32	33	34	35	16	17	18	18	19
Wed 11	20	37	38	39	40	41	1	2	3	4	5	6	7	22	23	24	25	26	27	28	29	10	11	12
Thu 12	13	14	15	31	32	33	34	35	36	2	3	5	6	7	8	23	24	25	26	27	28	1	2	3
Fri 13	5	6	7	30	31	32	34	35	36	10	11	12	13	14	15	23	24	25	26	27	28	1	2	3
Sat 14	4	5	6	7	30	31	33	34	35	9	10	11	12	13	14	22	23	24	25	26	27	28	1	2
Sun 15	3	4	5	6	7	8	31	32	34	35	9	10	12	13	14	22	23	24	25	25	26	27	28	29
Mon 16	2	3	4	5	6	7	37	38	39	40	41	42	10	11	13	14	22	23	24	25	26	27	28	29
Tue 17	2	3	4	4	5	6	7	37	38	39	40	41	16	17	18	19	20	21	23	24	25	26	27	28
Wed 18	1	2	3	4	4	5	6	7	8	38	39	40	41	16	17	19	20	21	23	24	25	25	26	27
Thu 19	28	1	2	3	4	4	5	6	7	37	38	39	40	41	42	17	19	20	22	23	24	25	25	26
Fri 20	27	28	29	2	3	4	4	5	6	7	37	38	39	39	40	41	16	18	20	30	31	31	32	33
Sat 21	34	34	35	1	2	3	4	5	6	7	30	31	32	32	33	34	35	36	17	19	20	30	31	32
Sun 22	33	34	35	1	2	3	4	4	5	6	7	8	31	32	32	33	34	35	16	17	19	20	37	38
Mon 23	39	39	40	41	1	2	3	4	4	5	6	7	30	31	32	33	33	34	35	16	17	18	19	20
Tue 24	37	38	39	39	40	41	9	10	11	12	12	13	14	22	23	24	25	26	27	28	29	10	11	12
Wed 25	13	14	15	38	39	40	41	9	10	11	12	13	14	22	23	24	25	26	27	28	29	10	11	11
Thu 26	12	13	14	37	38	39	40	41	42	10	11	12	13	14	15	23	24	25	26	27	28	1	2	3
Fri 27	4	5	6	7	37	38	39	40	41	16	17	18	19	20	21	23	24	25	26	27	28	1	2	3
Sat 28	4	5	6	7	37	38	39	40	41	16	17	18	19	20	21	23	24	25	25	26	27	28	1	2
Sun 29	3	4	5	6	7	8	38	39	40	41	16	17	18	19	20	22	23	24	25	26	27	28	1	2
Mon 30	3	4	4	5	6	7	37	38	39	40	41	42	17	19	20	22	23	24	25	25	26	27	28	29

Corrected for Daylight Saving Time

Tidal Range	Flood	Ebb
Large	Charts 1-8	Charts 22-29
Medium	Charts 9-15	Charts 30-36
Small	Charts 16-21	Charts 37-42

2020 Currents **December**

TOP LINE: TIME OF DAY
2ND LINE: DAY OF WEEK & DATE, FOLLOWED BY CHART FOR EACH HOUR ABOVE

HOUR	1	2	3	4	5	6	7	8	9	10	11	12	13	14	15	16	17	18	19	20	21	22	23	24
Tue 1	2	3	4	5	6	7	37	38	39	40	41	42	17	18	19	20	22	23	24	25	26	27	28	29
Wed 2	2	3	4	4	5	6	7	37	38	39	40	41	16	17	19	20	22	23	24	25	25	26	27	28
Thu 3	1	2	3	4	4	5	6	7	8	38	39	40	41	16	17	19	20	21	23	24	25	26	27	28
Fri 4	1	2	3	4	4	5	6	7	8	38	39	39	40	41	42	18	20	22	23	24	25	25	26	27
Sat 5	28	1	2	3	4	4	5	6	7	37	38	39	39	40	41	16	18	20	22	23	24	25	25	26
Sun 6	27	28	29	2	3	4	4	5	6	7	37	38	39	39	40	41	16	18	20	30	31	31	32	33
Mon 7	34	34	35	1	2	3	4	5	6	7	30	31	32	32	33	34	35	36	17	19	20	37	38	38
Tue 8	39	40	40	41	1	2	3	4	5	6	7	8	31	32	32	33	34	35	16	17	18	19	20	21
Wed 9	38	39	39	40	41	42	2	3	4	5	6	7	22	23	24	25	26	27	28	9	10	11	12	13
Thu 10	14	37	38	39	40	41	9	10	11	12	13	14	22	23	24	25	26	27	28	1	2	3	4	5
Fri 11	6	7	8	38	39	40	41	9	10	11	12	13	14	22	23	24	25	26	27	28	29	2	3	4
Sat 12	5	6	7	37	38	39	40	41	42	10	11	13	14	22	23	24	25	25	26	27	28	1	2	3
Sun 13	4	5	6	7	37	38	39	40	41	9	10	11	13	14	15	23	24	25	25	26	27	28	1	2
Mon 14	3	4	5	6	7	8	38	39	40	41	16	17	18	19	20	22	23	24	25	26	27	28	1	2
Tue 15	3	4	4	5	6	7	37	38	39	40	41	42	17	18	19	20	22	23	24	25	26	27	28	29
Wed 16	2	3	4	4	5	6	7	37	38	39	40	41	16	17	19	20	22	23	24	25	25	26	27	28
Thu 17	1	2	3	4	5	6	7	37	38	39	39	40	41	16	17	19	20	21	23	24	25	25	26	27
Fri 18	28	1	2	3	4	5	6	7	8	38	39	39	40	41	42	17	19	20	22	23	24	25	26	27
Sat 19	28	1	2	3	4	4	5	6	7	30	31	32	33	34	35	16	17	19	20	30	31	32	32	33
Sun 20	34	35	36	2	3	4	4	5	6	7	30	31	32	33	34	35	16	17	19	20	21	38	38	39
Mon 21	40	40	41	1	2	3	4	5	6	7	30	31	32	32	33	34	35	36	17	18	19	20	37	38
Tue 22	39	40	41	1	2	3	4	4	5	6	7	8	23	24	25	26	27	28	16	17	18	18	19	20
Wed 23	37	38	40	41	9	10	11	11	12	13	14	15	23	24	25	25	26	27	28	9	10	11	11	12
Thu 24	13	14	15	38	40	41	16	17	18	18	19	20	22	23	24	25	26	27	28	9	10	10	11	12
Fri 25	13	13	14	37	38	40	41	16	17	18	19	20	22	23	24	25	25	26	27	28	29	2	3	4
Sat 26	4	5	6	7	37	38	40	41	42	17	18	19	20	22	23	24	25	25	26	27	28	1	2	3
Sun 27	4	5	6	7	37	38	39	40	41	16	17	19	20	22	23	24	25	25	26	27	28	1	2	3
Mon 28	4	4	5	6	7	8	38	39	40	41	16	17	19	20	21	23	24	25	25	26	27	28	1	2
Tue 29	3	4	5	6	7	8	38	39	40	41	16	17	18	19	20	22	23	24	25	26	27	28	1	2
Wed 30	3	4	4	5	6	7	37	38	39	40	41	42	17	19	20	22	23	24	25	25	26	27	28	29
Thu 31	2	3	4	4	5	6	7	37	38	39	40	41	16	17	19	20	16	17	17	18	19	19	20	21